AF313693

Succession de M. EUDE, dit MICHEL

HUITIEME VENTE

100 TABLEAUX

ANCIENS

HOTEL DROUOT, SALLE N° 2

Le Lundi 23 Février 1874

A DEUX HEURES

EXPOSITION PUBLIQUE : le Dimanche 22 Février 1874

EXEMPLAIRE DE DHIOS

M⁰ DELBERGUE-CORMONT	MM. DHIOS ET GEORGE
COMMISSͬᵉ-PRISEUR	EXPERTS
Rue de Provence, 8.	Rue Le Peletier, 33.

PARIS — 1874

CATALOGUE

DE

100 TABLEAUX

ANCIENS

FAISANT PARTIE

De la Succession de M. EUDE, dit MICHEL

ÉCOLE FRANÇAISE

Berré, de Machy, Duplessis, Loutherbourg, H. Robert, etc

GRANDE TOILE DÉCORATIVE PAR DULONG

OEUVRES IMPORTANTES

PAR

BRUANDET, J.-B. HUET, MICHEL, SWEBACH

ÉCOLES FLAMANDE, HOLLANDAISE ET ALLEMANDE

C. Bega, P. van Bloemen, L. Cranach
Everdingen, C. van Falens, Gabriel de Heusch, A. Hondius, Maas, G. Miéris
P. Molyn, Moncheron, van der Poël, Pynacker, Soolmacker,
L. Tieling, D. van Tol, Wyntrack, etc., etc.

BEAUX PORTRAITS ATTRIBUÉS A HOLBEIN

ÉCOLE ITALIENNE

Botticelli, J. von Calcar, Ghirlandajo, etc.

DONT LA VENTE AURA LIEU

HOTEL DROUOT, SALLE N° 2

Le Lundi 23 Février 1874

A DEUX HEURES

Me **DELBERGUE-CORMONT**, Commissaire-Priseur,
rue de Provence, 8,

Assisté de MM. **DHIOS** et **GEORGE**, Experts, rue Le Peletier, 33.

EXPOSITION PUBLIQUE

LE DIMANCHE 22 FÉVRIER 1874

PARIS — 1874

CONDITIONS DE LA VENTE

———

Elle sera faite au comptant.

Les Acquéreurs paieront, en sus des adjudications,
CINQ CENTIMES PAR FRANC, applicables aux frais.

DÉSIGNATION

DES

TABLEAUX

ÉCOLE FRANÇAISE

BERRÉ (J.-B.)

1 — Paysage et Animaux.

> Un jeune garçon, monté sur un âne et accompagné d'un chien, conduit sur une route deux bœufs et une chèvre. Jolie qualité.
>
> Bois. — H. 22 c. L. 30 c.

BERRÉ (J.-B.), 1811

2 — Lion terrassant un chevreau.

> Belle étude de grandeur naturelle.
>
> Toile. — 1 m. 45 c. L. 1 m. 70 c.

BRUANDET

3 — Le vieux Pont.

Auprès d'une passerelle délabrée, un berger fait traverser une rivière à un troupeau de moutons qui gravissent, en se pressant, une rive escarpée. Des arbres, des broussailles, une cabane garnissent le second plan. Ciel chargé de nuages pluvieux.

Une œuvre importante et des mieux réussies de l'artiste, — elle est digne de Ruysdaël, auquel Bruandet semble avoir emprunté cette savante exécution et cette profonde impression de l'effet dramatique qui caractérisent le grand maître hollandais.

Bois. — H. 72 c. L. 85 c.

CHARPENTIER

4 — Intérieur de villageois.

Toile. — H. 92 c. L. 1 m. 55 c.

DE MACHY

5 — Vue de Monuments de Paris.

Sous une arche très-grande, l'artiste a représenté le Pont-Neuf, derrière lequel on aperçoit la colonnade du Louvre. Au premier plan, des pêcheurs et des bestiaux à la rivière, etc.

Toile. — H. 63 c. L. 79 c.

DESPORTES

6 — Perdrix et petits Oiseaux.

Toile. — H. 47 c. L. 56 c.

DULONG (J.-L.), 1850

7 — Corbeille de fruits et de fleurs sur un guéridon
de pierre, au pied duquel sont placés des
oiseaux morts, un lièvre, un melon, etc.

Toile. — H. 2 m. 40 c. L. 1 m. 78 c.

DUPLESSIS

8 — Marche d'armée.

Bois. — H. 24 c. L. 33 c.

HUET (J.-B.)

9 — La petite Bergère.

Elle est assise au bord d'un ruisseau et tient une poire. Des
moutons paissent à ses côtés; une vache est debout derrière
elle.

Grand tableau, d'un bel effet, très-décoratif.

Toile. — H.   L.

LAFONTAINE (P.-J.)

10 — Intérieur d'église.

Bois. — H. 21 c. L. 28 c.

LANTARA

11 — Torrent et Rochers.

Toile. — H. 32 c. L. 40 c.

L. D. (Signé des initiales), 1805

12-13 — Bouquets de fleurs, Nid d'oiseaux et Fruits.

Deux pendants.

Bois. — H. 47 c. L. 37 c.

LOUTHERBOURG

14 — Paysage. — Jésus et les Pèlerins d'Emmaüs.

Toile. — H. 41 c. L. 58 c.

MICHEL

15 — Les Carrières de Montmartre.

Tableau important. Il est décrit dans l'*Étude sur Georges Michel*, par Alfred Sensier.

H. 98 c. L. 1 m. 30 c.

MICHEL

16 — Extérieur de ferme.

Villageois attablés en plein air. Deux chevaux à une auge où un valet apporte de l'avoine. Charrette, ustensiles de ferme, etc.

Bois. — H. 23 c. L. 31 c.

RAOUX

17 — Jeune Femme dessinant : Effet de lumière.

Toile. — H. 65 c. L. 81 c.

ROBERT (Hubert)

18 — Incendie à Rome.

Toile. — H. 57 c. L. 71 c.

SARRAZIN

19 — Vieille Tour au bord d'une rivière.

Bois. — H. 20 c. L. 30 c.

SWAGERS (François)

20 — Paysage avec bestiaux.

Toile. — H. 38 c. L. 46 c.

SWEBACH

21 — La Bataille du mont Thabor.

Le général Bonaparte, commandant en chef de l'armée d'Égypte, donne des ordres; monté sur un cheval blanc, il indique de son épée l'endroit où il faut se diriger. Près de lui est son mameluck; derrière, les généraux et officiers composant son état-major; à droite, au loin, dans une plaine, on aperçoit une place forte attaquée par un corps d'armée; dans le fond, le mont Thabor.

Œuvre capitale de Swebach, comprenant une infinité de personnages.

Toile. — H. 1 m. 15 c. L. 2 m.

SWEBACH

22 — Cavaliers à la porte d'une hôtellerie.

Petit tableau très-fin.

Bois. — H. 10 c. L. 14 c.

TAUNAY

23 — Paysage : Effet d'orage.

Bois. — H. 50 c. L. 37 c.

VERNET (J.) en Italie

24 — Paysage : les Pêcheurs.

Toile. — H. 71 c. L. 1 m. 04 c.

WATELET

25 — Le Moulin à eau.

Toile. — H. 31 c. L. 23 c.

ÉCOLE FRANÇAISE

26 — Portrait d'une petite fille.

En pied, caressant un chien et tenant un bouquet.

Toile. — H. 76 c. L. 54 c.

ÉCOLES FLAMANDE, HOLLANDAISE
ET ALLEMANDE

BEGA (Cornille)

27 — Le jeune Écolier.

Il est assis et cherche les puces de son chien, couché sur ses genoux ; à terre, son chapeau, un grand feutre gris.

Bois. — H. 36 c. L. 27 c.

BESCHEY (Balthazar)

28 — Les Jardins d'Amour.

Agréable composition, dans le style de Rubens.

Cuivre. — H. 68 c. L. 85 c.

BLOEMEN (Pierre Van)

29 — La Leçon d'équitation.

Importante composition.

Toile. — H. 72 c. L. 96 c.

BLOEMEN (Pierre Van)

30 — Animaux à l'abreuvoir.

H. 71 c. L. 94 c.

BLOEMEN (Pierre Van)

31 — Trois Chevaux à l'abreuvoir.

Bois. — H. 24 c. L. 29 c.

BREUGHEL

32 — Ermite en méditation.

Cuivre. — H. 27 c. L. 37 c.

BREYDEL (Chevalier)

33 — Combat de cavaliers.

Bois. — H. 17 c. L. 22 c.

34 — Pendant du précédent.

CRANACH (Lucas)

35 — Vénus.

La déesse, nue, est couchée dans une prairie. Près d'elle, les colombes et le carquois de l'Amour appendu à un arbre.

Bois. — H. 48 c. L. 74 c.

CRANACH (Lucas)

36 — Scène galante.

Un vieillard passe une bague au doigt d'une jeune femme. Figures à mi-corps en costume du XVIᵉ siècle.

Bois. — H. 20 c. L. 15 c.

EVERDINGEN

37 — La Cascade (Norwége).

Site entrecoupé de rochers et traversé par un torrent qui forme cascade au premier plan. — Au second plan, habitations environnées d'arbres ; des bergers et un troupeau.
Beau paysage, très-largement peint.

Toile. — H. 1 m. 05 c. L. 1 m. 38 c.

FALENS (Carle Van)

38 — Chasse au cerf.

Trois cavaliers et une amazone courent un cerf qui, au moment où il s'élance dans une rivière, est atteint par les chiens. — Le second plan est occupé par des ruines et de beaux massifs d'arbres. A gauche, un pays fertile et boisé.
Fine production de l'artiste, digne de Wouwermans.

Toile. — H. 59 c. L. 73 c.

FERGUSON (Wilhem)

39-40 — Oiseaux morts.

Deux pendants.

Bois. — H. 15 c. L. 21 c.

FRANCK (P.-H.)

41 — Jésus au milieu des Docteurs.

Cuivre. — H. 37 c. L. 30 c.

FRANCK

42 — Le Portement de croix.

Bois. — H. 65 c. L. 51 c.

GLAUBER

43 — Deux petits Paysages, de forme ronde.

Diamètre, 17 c.

GOLTZIUS (HUBERT)

44 — La Cène.

Tableau dans un bel état de conservation.

Bois. — H. 84 c. L. 1 m. 27 c.

HEER (H. de)

45 — Halte à la porte d'une hôtellerie.

Charmant tableau de l'artiste, rappelant les œuvres de Wouwermans et d'I. Ostade.

Bois. — H. 40 c. L. 52 c.

HEUSCH (Signé)

(Gabriel de Heusch, École hollandaise du xviie siècle)

46 — Les trois Arbres.

Trois grands chênes s'élèvent au premier plan, au bord d'un chemin sinueux qui se dirige vers un bois. A gauche, dans un cours d'eau, un paysan et un cavalier. A droite, des prairies et, dans le lointain, un château dont la toiture s'élève au-dessus des arbres.

Superbe peinture tenant à la fois de Ruysdaël et d'Hobbéma par la fermeté et l'habileté de l'exécution.

Toile. — H. 86 c. L. 1 m. 10 c.

HOLBEIN (Hans)

47 — Portrait d'homme.

En buste, presque de face, coiffé d'une toque ; cheveux et longue barbe noire. Fond vert.

Beau portrait très-fin et très-étudié, parfait état de conservation. C'est un remarquable spécimen de l'École allemande au commencement du XVIᵉ siècle.

Bois. — H. 19 c. L. 14 c.

HOLBEIN (Attribué à H.)

48 — Portrait d'Érasme.

En buste, tourné de trois-quarts à gauche, toque et robe noire garnie de fourrure.

Bois. — H. 50 c. L. 35 c.

HOLBEIN (École de)

49 — Portrait d'homme.

Représenté à mi-jambes, tenant un livre de prières, costume noir, robe et manteau garni de fourrure. En haut, un blason et l'inscription : *Æta : 48 obiit anno* 1565.

Bois. — H. 39 c. L. 31 c.

HONDIUS (Abraham)

50 — Chiens chassant des cygnes.

Bois. — H. 34 c. L. 46 c.

51 — Pendant du précédent.

HUYSUM (École des Van)

52 — Bouquet de fleurs dans un vase.

Toile. — H. 63 c. L. 48 c.

KAMPHUISEN (H.)

53 — Le Passage du gué.

Un homme et une femme font traverser une rivière à un troupeau de huit bœufs. A gauche, l'entrée d'un bois.

Toile. — H. 87 c. L. 1 m. 15 c.

KLOMP (Albert)

54 — Bœufs dans un pré.

Bois. — H. 20 c. L. 30 c.

LAMBRECHTS

55 — Repas de villageois.

Toile. — H. 34 c. L. 43 c.

MAAS (Nicolas)

56 — La Couturière.

Toile. — H. 44 c. L. 38 c.

MICHAU (Théobald)

57 — Paysage et Figures.

A gauche, sur une route, à l'entrée d'un bois, des voyageurs dans des chariots, des piétons, une noce flamande, etc. A droite, une rivière, un village et des plaines qui se perdent à l'horizon.

Bois. — H. 43 c. L. 70 c.

MIEREVELT

58 — Portrait d'homme.

Buste ; cheveux longs, retombant sur les épaules, moustaches et barbiche, col rabattu bordé de guipure, costume noir.

Bois. — H. 60 c. L. 48 c.

MIÉRIS (Wilhem)

59 — Le Tambour.

Coiffé d'un bonnet rouge à plumes, en pourpoint gris tailladé, un poignard à la ceinture, il est vu à mi-jambes. Derrière lui, plusieurs personnages portant des étendards.

Bois. — H. 22 c. L. 16 c.

MOLYN (Pierre)

60 — Paysage.

A droite, cabane, arbre et palissade. A gauche, villageois sur une route et chariot. Dans le lointain, un clocher d'église.

Bois. — H. 32 c. L. 59 c.

MOMMERS (H.)

61 — Conversation des bergers.

Un pâtre, assis au bord d'un ruisseau, les pieds dans l'eau, cause avec une femme tenant un chaudron et portant une corbeille sur la tête. A droite, cheval blanc et âne couché; à gauche, deux chèvres et trois moutons.

Bois. — H. 40 c. L. 52 c.

MOUCHERON ET MAAS

62 — Le Départ pour la chasse.

Paysage par Moucheron, figures par Maas.

Toile. — H. 56 c. L. 76 c.

MUSSCHER (M. Van)

63 — Portrait d'une dame hollandaise.

Debout, à l'entrée d'un parc, jouant avec un petit chien qui jappe sur un banc de pierre couvert d'un tapis oriental.

Cuivre. — H. 37 c. L. 31 c.

NICOLIÉ (J.-C.)

64 — Intérieur d'église.

Bois. — H. 27 c. L. 22 c.

OSTADE (Attribué à ADRIEN Van)

65 — Intérieur flamand.

Deux hommes assis, une petite fille et une femme debout, vidant un verre de bière. A terre, des poissons.

Bois. — H. 25 c. L. 22 c.

OSTADE (Attribué à A. Van)

66 — Intérieur rustique.

Bois. — H. 33 c. L. 27 c.

OSTADE (Attribué à J. Van)

67 — Buveurs en goguette.

Bois — H. 21 c. L. 16 c.

PAAPE (ADRIEN de)

68-69 — Le Cordonnier et la Fileuse.

Deux pendants.

Bois. — H. 45 c. L. 40 c.

POEL (EGBERT Van der)

70 — Cour de ferme.

Une femme, tenant un chaudron, cause avec un petit garçon. Près de ce groupe, on voit une quantité d'ustensiles, tonneau, seau, baquet, etc.

Bois. — H. 55 c. L. 46 c.

POEL (EGBERT Van der)

71 — Incendie d'une ferme.

Bois. — H. 19 c. L. 21 c.

PORBUS

72 — Portrait d'Élisabeth d'Angleterre.

En buste, avec large collerette tuyautée et bordée de guipure; perles dans la coiffure.

Toile. — H. 50 c. L. 36 c.

PYNACKER (ADAM)

73 — Paysage.

Au premier plan, un arbre coupé et jeté en travers sur un ruisseau, des blocs de rochers, des plantes aquatiques. Au delà, un bouquet de grands arbres au bord d'une route, sur laquelle cheminent des muletiers. Montagnes à l'horizon. Ciel nuageux.

Toile. — H. 1 m. 24 c. L. 1 m. 04 c.

ROTTENHAMER

74 — Diane et ses Nymphes.

Cuivre. — H. c. L. 38 c.

RUYSDAEL (SALOMON)

75 — Le Moulin à vent.

Moulin entouré de saules, de buissons, de palissades, et situé au bord d'un canal; au premier plan, un pêcheur dans une barque.

Bois, forme ronde, diamètre 75 c.

SCHOEVAERDTS

76 — Marché de bestiaux.

Bois. — H. 22 c. L. 32 c.

SOOLMACKER

77 — Le Repos des bergers.

Cinq villageois, une femme et quatre enfants sont au repos dans une prairie où sont couchées des chèvres, des brebis, une vache.

Bois. — H. 60 c. L. 60 c.

STAVEREN (J. Van)

78 — Portrait d'une dame hollandaise.

Bois. — H. 25 c. L. 22 c.

STEEN (Attribué à JAN)

79 — La Consultation.

Scène d'intérieur hollandais, six personnages.

Bois. — H. 56 c. L. 43 c.

STRY (J. Van)

80 — Paysage, avec figures et animaux.

Bois. — H. 46 c. L. 69 c.

SUSTERMANS

81 — Portrait d'homme.

En buste, cuirassé, large collerette de guipures.

Bois, forme ovale. — H. 40 c. L. 32 c.

TIÉLING (Lodewyck)

82 — Pâturage.

Une vache debout, une autre couchée, une chèvre et trois moutons, sous la surveillance d'une villageoise assise au pied d'un arbre, son chien couché à ses pieds. La prairie est circonscrite par de grands rochers, des arbres et des buissons.

Cet agréable tableau, d'une coloration chaude et harmonieuse et d'une facture très-soignée, offre une frappante analogie avec les œuvres de Karel du Jardin.

Signé en toute lettre : *Lodewyck Tieling.*

Toile. — H. 50 c. L. 58 c.

TOL Dominique Van)

83 — Savant dans son cabinet.

Ses besicles sur le nez, vu de profil, il est assis devant une table et taille une plume d'oie. Il porte une calotte ronde et une robe de chambre garnie de fourrures. Sur la table sont placés un gros livre, une sphère et une statuette de Mercure.

Très-beau tableau d'un fini précieux. Il était attribué à Gérard Dow, dont il porte le monogramme.

Bois. — H. 25 c. L. 20 c.

VERBEECK (Pierre)

84 — Le Départ pour la promenade.

Charmant spécimen de P. Verbeck, qui fut le maître de Wouwermans.

Bois — H. 21 c. L. 24 c.

VERKOLIE (Jan)

85 — Portrait de femme.

De face, assise dans un parc, accoudée sur un mur de pierre, elle est vêtue d'une robe rose décolletée et ramène sur la poitrine un manteau violet.

Cuivre. — H. 59 c. L. 50 c.

86 - Portrait d'homme.

Robe de chambre violette à ramages, collerette de guipure ; il est assis devant une table sur laquelle sont plusieurs livres. Pendant du précédent.

VERTANGHEN (Daniel)

87 — Paysage : Loth et ses filles.

Bois. — H. 32 c. L. 40 c.

VRYMOET (Jacobus), 1787

88 — Paysage et Animaux.

A gauche, un pâtre debout appuyé sur un arbre et deux villageoises au bord d'une rivière. Sur les rives, huit vaches. A droite, deux chasseurs. Au delà de la rivière, un chariot sur une route, dans une prairie.

Bois. — H. 40 c. L. 59 c.

WILLAERST (A.)

89 — Retour de pêche.

Bois. — H. 35 c. L. 40 c.

WYNTRACK

90 — Renard capturant un cygne.

Signé ainsi : Wyntrack et Verhage.

Toile. — H. 1 m. 32 c. L. 1 m. 54 c.

ZAFT-LEVEN (H.)

91 — Vue des bords du Rhin.

Bois. — H. 36 c. L. 48 c.

ZEEMAN (Renier)

92 — Combat naval.

Bois. — H. 40 c. L. 50 c.

ANCIENNE ÉCOLE ALLEMANDE

93 — Saint Sébastien secouru par les Anges.

Bois. — H. 1 m. 04 c. L. 67 c.

ÉCOLE ITALIENNE

BOTTICELLI (Sandro)

94 — Adoration de l'Enfant Jésus.

La Vierge, saint Michel et saint Jean agenouillés devant l'Enfant Jésus.

Bois. — H. 1 m. L. 68 c.

CALCAR (J. Von)

95 — Portrait d'un jeune prince de la famille de Médicis.

En pied, riche costume du XVIe siècle, fraise en guipure, pourpoint rouge chargé de broderies, manteau bleu, maillot rouge aux jambes, une main sur son épée, l'autre appuyée sur une table.

Toile. — H. 1 m. 65 c. L. 1 m. 08 c.

ORRIZONTI (Van Bloemen, dit)

96 — Grand Paysage, site italien, avec marché d'animaux et villageois au premier plan.

Grand tableau d'une belle ordonnance de lignes et peint avec facilité.

Toile. — H. 1 m. 50 c. L. 2 m. 58 c.

GHIRLANDAJO (R. Bigordi, dit)

97 — Sainte Famille.

Trois anges, la Vierge et saint Joseph en adoration devant l'Enfant Jésus.

Beau tableau, bien conservé.

Bois. — H. 84 c. L. 71 c.

GUERCHIN (École de)

98 — Deux Saints en adoration devant la Vierge tenant
l'Enfant Jésus.

Bois. — H. 36 c. L. 29 c.

GUIDO-RENI (Attribué à)

99 — Lucrèce.

Bois. — H. 26 c. L. 19 c.

VERONÈSE (Attribué à ALEXANDRE)

100 — L'Enlèvement d'Europe.

Toile. — H. 1 m. 20 c. L. 1 m. 55 c.

VICENZIO (GIUSEPPE)

101 — Grappe de raisins, Vase de fleurs et plantes aquatiques.

Toile. — H. 1 m. 05 c. L. 1 m. 26 c.

Vᵉˢ RENOU, MAULDE et COCK, imprs de la Compagnie des Commissaires-Priseurs,
rue de Rivoli, 144.   40625